Sonja Dworzak

Etwas hat mich tief berührt

www.tredition.de

© 2020 Sonja Runtsch-Dworzak

Verlag und Druck: tredition GmbH, Halenreie 40-44, 22359 Hamburg

ISBN
Paperback: 978-3-347-02684-1
Hardcover: 978-3-347-02685-8
e-Book: 978-3-347-02686-5

Dieser Gedichtband ist
meiner geliebten Enkeltochter Amelie
gewidmet, sowie allen lieben
Menschen, die mich im Leben
begleitet haben.

Inhalt

Gefühlswelten

Freude

Musik, das Lachen, die Liebe, das Leben

Sie können uns Menschen das Licht in uns geben.

Und tritt uns ein Mensch dann entgegen,

Mit heiterem Sinn und mit leichter beschwingter Bewegung,

Dann tanzen wie Blätter im Wind die Gefühle

Und rufen: mach mit und reich mir die Hände.

Ja, halt mich, umarm mich, erfülle mein Leben!

Ich weiß nicht

Warum kam ich in diese Welt

Und ward auf diesen Weg gestellt?

Ich weiß es nicht!

Wie kam es, dass die Zeit verrann,

Die mir die Träume nahm.

Ich weiß es nicht!

Wo ist mein Freund, der mit der Kindheit mich verband

Und der auf eben diesem Weg ein andres Leben fand.

Ich weiß es nicht!

Wer stahl mir meine Zuversicht,

Wann trocknen meine Tränen,

Die ungesehen in meinen Augen stehen.

Ich weiß es nicht!

Welch´Schicksal war mir auf den Weg gegeben, von wem?

Und wie ertrag ich Freud und Leid,

Das meinen Lebensweg begleitet?

Ich weiß es nicht!

Und Du, der du mit ernstem Angesicht,

Das große Unerfüllte in mein Leben gabst,

Wann reichst du mir die Hand

Und hebst mich aus den dichten Finsternissen?

Ich weiß es nicht!

Glückliche Zeit

In meinen Gedanken ist ein Raum,

Der voll ist mit schönen Dingen.

Und wie ich die Kammer betrete,

Erstrahlen und leuchten sie gleich.

Ich höre die Dinge singen

Und höre den Klang deiner Stimme,

Die so vertraut

Mir ins Herz hinein klingt.

Ich gehe mit leisen Schritten

Hinab und hinauf in dem Raum

Und nehme von allen Dingen,

Die, die mir zum Herzen neigen.

Im Schwingen meiner Gefühle

Bewegen die Dinge sich

Und erzählen wie neu erstanden

meine vergangenen Zeiten mit dir.

Ich fühl dich und unser Leben,
Als würd´ es uns beide umfangen.
Die Rosen, als Zeichen der Liebe,
Sie ranken sich um dein Grab.

Ich möchte jemanden lieben

Ich möchte jemanden lieben,
Dem ich in die Hand gegeben bin.
Ich möchte ein Lied für ihn siegen,
Tagein und tagaus.

Und wenn dann die Lieder klingen,
Erhöhend und seelengleich
Dann soll er horchend erkennen,
Wer ich wahrhaftig sei.

Ich möchte jemanden halten,
Der meine Umarmung ersehnt.
Möcht´langsam in seine Seele gleiten,
Tagein und tagaus.

Und wenn dann die Sonne leuchtend hell

Um uns glühend und brennend kreist,

Dann schau ich voll Sehnsucht im Herzen

Nach dir aus – tag ein und tagaus!

Damals

Weißt du noch, wie einst vor vielen übervollen Jahren

das Leben wie ein Spiel uns schien.

Als überall von allen Seiten

Dein Glück auf Unerwartetes zu treffen schien

Und mir, die allzu viel erhoffte,

Nur Unglückseliges verblieb.

Doch nun, nach Ringen all der Jahre,

Die vieles Gut und Schlechte miteinander band,

Stehen wir uns gegenüber und reichen uns die Hand.

Wir fühlen tief im Inneren, dass Unendlichkeit

Wie stille Kinder uns umwand

Und flüstern unbemerkt vom andern,

Dass tiefe Liebe uns verband.

Oh lange ungenützte Zeit,

Die zwischen dir und mir mein Leben mir zermürbte,

Ein Leben, das vom Unglück nie bezwungen,

Doch in bewusster Einsamkeit

Hindrängte an der Welten Lust und Freude,

Die ich trotz allem fand.

Die Einsame

Mir ist´s als erkalten ihre Herzen,

Als gäbe es dahinter keine Welt.

Aus ihren Blicken ist seit langem

Gefühl und Wärme fortgenommen.

Sie wissen nichts von irdisch schönen Dingen,

Die sie verleugnen wie Geringes.

Ihr Hass umwoben mit Verächtlichkeit,

Die tief in beide dringen

Und die sie mir entgegenbringen,

Wird aufgelöst dahingehen und

Kein Ziel mehr finden.

Denn in ihrem ausgehöhlten Inner´n

Ist nur ihr ICH, kalt und stumm.

Die Einsamkeit, die ich erlitten,

Sie wird sie beide bald entzweien.

Was wird sein

In meinem Herzen ganz tief drin

Will ich mit allen Sinnen

Das unbegreiflich Große

Nie Gekannte fassen.

Was wird geschehen,

Wenn wir sterben?

Wer wird uns missen?

Es ist nichts anderes als ein Leben

Hinter all den Dingen,

Das aus der Dunkelheit erstrahlt

In hellem Schein

Und das als ob vom Leben fortgerissen

Uns bange wirft

Ins ewig unerforschte Sein.

Das Klavierspiel

Da steht es, mein Klavier,
Schwarz glänzend aus alter Zeit.
Erhaben, in den Tönen warm schwingend,
Lädt es zum Spielen ein.
Ich schlage den ersten Ton an,
Der im vertrauten Klang mich beglückt,
Und spiele bald laut bald leise
Die in mir drinnen verborgenen Weisen.
Melodien dem Herzen eng verwandt
Wallen dem rauschenden Wind gleich heran.
Ohne Hast in den tiefen Tönen wachsend
Laufen die Finger über´s Klavier.
Und alles, was sich kummervollauf mich legt
Fällt ab von mir und lässt mich los .

Visionen zu Schuberts Fantasie in F-Moll

Es klingen Töne an mein Ohr

Wie feine Tropfen perlen Melodien,

Der Klang von Schubert´sFantasie in Moll

Öffnet den Illusionen Tür und Tor.

Ein Ort, so wundervoll nach Erde riechend,

Erstreckt sich in helldunkelgrünen Farben,

Wie gold´ne Fäden glitzern Sonnenstrahlen,

Die Schattenbilder auf den feuchten Boden malen.

Steil aufwärts führt ein unbekannter Weg,

Murmelnd springt ein Bach herunter,

Ein Schwarm von Mücken tanzt ganz munter.

Atemlos bleib ich auf einer Lichtung stehen.

Ich bilde mir ein Franz Schubert zu sehen,

Wie er am Ufer des Baches Forellen erblickt

Und am Wegrand sich nach dem Röslein bückt.

Er schaut mich an, kommt auf mich zu.

Im fortissimo schwellen Kadenzen an,

Es hallt und schallt in meinen Ohren.

Vorbei der schöne Traum der Illusionen

Willkommen in der Wirklichkeit!

Ein Abend am Kamin

Wie warm und friedvoll ist es an den Abenden,

Die lang und einsam sind und ohne Kameraden,

Ein Feuer zu entzünden, das wärmt.

Im Schein der rötlich gelben Flammen,

Erscheinen Schatten an den Wänden,

Die Vorhängen gleich im sanften Wehen flattern .

Ich lausche dem Knistern des Holzes,

Und tauche im wärmenden Feuerschein,

Tief ein den Blick in die Unendlichkeit.

In mir klingt ein Lied

Es klingt ein Lied in meinem Herzen,

Das mit dem Schicksal mich verband.

Es singt vom Lieben und vom Leiden

Und vom Tod - der zerriss das Band.

Ein kleines Lied, das in sich Liebe trägt
Und das in mir erklingt zu allen Zeiten,
Wenn Einsamkeit und Trauer
Mein wundes Herz umklammernd hält.

Der Tod, er kam in einem Augenblick,
Als froh und heiter unsrè Zukunft schien,
Er nahm mir grausam den Begleiter
Doch das Lied der Liebe - es blieb!

Das achte Gebot

Sie kamen und schlichen
Um mich herum wie ein Panther,
Die Seele so schwarz und gemein,
Die Rede so hasserfüllt grausam
Und Worte, sie troffen vor Neid.

Die Augen, die Fenster zur Seele,
Brannten vor Tücke und Gier
Und Freundschaft und Ehrlichkeit
Zählten bei ihnen nicht mehr.

Geraubt wart dem friedlichen Herzen,

Was lieb und teuer ihm war.

Sie hetzten den Sohn gen die Mutter

Und fanden Gefallen an ihrem Leid.

O, Ihr Verleumder und tückische Neider,

Ihr, die ihr Böses im Innern trachtet

Und die ihr teuflisch zerstört habt mein Leben,

Die Liebe zu ander`n ist längst schon

Aus euren Herzen entflohen.

Ich behalte dein Wort in meinem Herzen

Ich behalte dein Wort in meinem Herzen,

Das sich rankt einem Rosenstock gleich.

Ich möchte meine Hände um dein letztes Wort runden

Und versuchen dir nahe zu sein.

Und wenn ich mich drehe und schaue nach dir

Jahre, Tage und monatelang,

Dann flüchte ich nicht in Bilder und Gram,

Nein, dein Wort bleibt für immer in mir.

Wenn ich gehe

Wenn ich gehe, lass ich alles hinter mir,
Was ich an Freud und Leid erfuhr.
Ich schaue nicht zurück,
Ich drehe mich nicht um,
Ich weiß, dass niemand um mich weint.

Wenn ich gehe fall`n Schmerz und Kummer ab,
Die Efeu gleich mein Sein umwunden haben.
Den Blick wende ich nicht um,
Den Schritt kehr ich nicht um,
Mir ist bewusst ich bin allein.

Wenn ich dann gehe in eine neue Zeit,
Die meinem Sein und Ich das Unerfüllte reicht,
Dann bleib ich stehen,
Werf lächelnd einen Blick zurück
Und weiß, mein Herz ist jetzt nicht mehr allein.

Ich hab heut Nacht geträumet

Ich hab heut Nacht geträumet
Du lägest hier bei mir.
Ich hielte deine Hände,
Als wären sie von mir.

Ich sah in deine Augen
Die hell und klar und rein,
Und hörte deine Stimme
So zärtlich und so fein.

Ich hab heut Nacht geträumet -
Wir beide wär´n verbunden,
Ich spürte deine Nähe,
Doch - die ist längst entschwunden.

Dein Herz ist kalt und leer,
Das meine sorgenschwer,
Heut Nacht werd ich nicht träumen
Denn zu träumen gibt´s nichts mehr.

Liebeslied

Ich will die Rose für dich sein,

Die fest in ihren Wurzeln

Bei mir im Garten steht,

Die in beinahe allen Zeiten

Im dichten Blätterwerk

Betörend schöne Blüten treibt.

Und wenn die Blätter fallen,

Verwelkt und in den Farben blass,

Heb ich sie auf vom Boden.

Den Duft, den Wohlgeruch der Blume,

Nehm ich wie deinen wahr,

Der flüchtig wie ein sanfter Hauch

Vergänglich meine Sinne streift.

Einsamkeit

Was ist sie andres, die Einsamkeit
Als ein Gefühl der Kälte,
Die sich in allen Gliedern breit
Ausweitet einer Welle gleich.
Du spürst sie kommen wie den Regen,
Der an dir abrinnt und dich streift,
Doch willst du sie von dir entfernen,
Bleibt sie wie Blütenstaub an dir hängen.
Du siehst sie ernsten Blickes an
Und fragst: wann lässt du mich allein?
Sie schaut dich an, reicht dir die Hände
Und gibt ungefragt dir ihr Geleit.

Ohne Worte

Ihr sehnlich tiefer Blick sagt, komm, Geliebter!!
Komm und verschließ dich nicht mich zu berühren.
Lass die vertrauten Hände zart und weich
Über all meinen Gliedern spüren,
Die sich nach deiner Liebe sehnen.

Wie Pygmalion einst mit seiner Liebesglut
Eine Statue zur Gefährtin seines Lebens schuf,
So hart und ohne Seele war ihr Körper.
Umworben von liebevoller Zärtlichkeit
Hat der Liebe Flamme sie lodernd erreicht.

Doch jetzt seit diesen hoffnungsvollen Wochen
Ist diese Starrheit von ihr abgebrochen,
Die unbewusst in ihrem Sein
Sich losgelöst hat in der Liebe Fluss,
Der sanft murmelnd nun ihr Herz erweicht.

Etwas hat mich tief berührt

Etwas hat mich im Vorübergehen tief berührt,
Das wie ein laues Wehen meine Sinne streifte,
Als ich von deinem Blicke noch nichts kannte,
Doch deine zärtlich sanfte Schwingung spürte.

Ich liebe dieses Schweben wie auf Ringen,

Die meinen Geist ins Grenzenlose bringen,

Wenn meine Sinne sich wie im Meer vertiefen

Und gleich dem Wellenrauschen Ruhe bringen.

Und ich ahne dieses unbegreiflich Große,

das ich mit meiner Seele an mich binde,

Wie Flügel breite ich mein Leben vor dir aus

und lass die Nichtigkeiten meines Daseins los.

Ich möchte dir Danke sagen

Im Leben wird uns viel geschenkt,

Das man für selbstverständlich hält.

Wir lassen diese Huld geschehen

Wie manch einer im Vorübergehen

Die Blumen pflückt,

Die nah am Wegrand stehen.

Die Gaben einzusammeln

Kommt ganz schnell uns in den Sinn,

Wir stell´n sie weg und halten unbefangen

Zu neuen Schenkungen die Hände hin,

Die viel zu viel und manchesmal

Für uns ohne Bedeutung sind.

Ein Lächeln, das du mir geschenkt,

Hat neues Freuen in mir geweckt.

Ich könnte Freudensprünge machen

Und überall in allen Gassen

In ungezählte Worte fassen

Mein tief empfundenes Dankeschön.

Ein Liebesbrief an dich

Das Bild, das du mit Worten malst,

Erstrahlt in meinem Herzen.

Es soll so wie ein Blütenkranz

Voll froher bunter Farben sein.

Ich sing für dich ein Liebeslied

Zum zarten Klang der Laute,

Das Tag und Nacht für dich erklingt

Und Glück dir bringen soll.

Und überall, wo du auch bist,

Schick ich dir Melodien,

Die dich auf deinem Lebensweg

Glücksbringend begleiten sollen.

Die geist´ge Welt bewahre dir

Dein liebevolles Herz.

Der Engelchor verbinde sich

Zu meinem Lied mit dir!

An die Engel

Ich seh einen Engel, will halten ihn fest,

Will fragen, wohin nur bringst du mein Gebet?

So lange schon hoff´ ich und flehe euch an,

Doch hör ich nur Schweigen, keine Hilfe kommt an.

Warum nur, ihr Boten des Himmels, warum

Kann ich euer Herz nicht erreichen?

Ich bitt euch, so zeiget im Traume mir an,

Welch Schuld ich habe getan.

Mit eurer Liebe und dem himmlischen Licht

Habt ihr mir schon oft geholfen.

Dafür und für vieles noch mehr

Möcht` Danke ich allen euch sagen.

Ihr seht in mein Herz, ihr seht meine Wund`,

Legt eure Liebe darauf,

Damit ich mit liebendem Herz

Vollende den menschlichen Lauf.

Wenn mein Herz schwer ist

Wenn mein Herz schwer ist von Unerfülltem,

Das sich in die Brust mir senkt und schmerzt,

Schwebt wohlklingend heran in zarter Melodie

Die Stimme des Tenors, der klagend

Sein Leid lyrisch in einer Arie besingt.

Sein Seelenschmerz dringt tiefer in mich ein,

Betörend sinnlich schön ist sein Gesang,

einem Lacrimosa eng verwandt,

Dass unendlich weit meine Gedanken fliegen

Und Gram und Ungemach entfliehen.

Friedvolle Ruhe kehrt ein in mein Sein.

Alles in mir fühlt Wärme und Geborgenheit,

Wenn die berückend schönen Töne

Mein Innerstes zum Schwingen bringen

Und es mir scheint in einem Traum zu sein.

Jahreskreise

Die letzten Sommerblüten

Erhaben mit reich beschenkter Blütenpracht

Gelb, rot und rosa weithin leuchtend,

Seh´ ich den Blumen die Vergänglichkeit an,

Die verfärbte Blätter am Stängel tragen.

Und wieder rauscht der Wind in ihr Blütenleben,

Und wieder merkst du, bald ist es vorbei.

Der Herbst mit kühlen sonnenarmen Tagen

Lässt frierend dich im fahlen Gartenlicht allein.

Den Rest der Blätter und der müden Blüten

Sammelst du Mosaiksteinen gleich

Sorgsam für ein Neues Wiederbringen

Zum Schmuck des neuen Blütenjahres ein.

Novembertag

Dicht ziehen vom Berghang herab
Nebelschwaden gespensterhaft gleich,
Die wild in sich zerrissen sind.
Vom Wind bergauf und hinunter getrieben
Umranden sie Berge und Wipfeln.
In ihrem undurchdringlichen Sein
Kannst du den Himmel nicht sehen.
Und doch bildest du dir staunend ein
Im Nebel Menschen zu sehen.

Du hebst den Kopf und siehst still zu,
Wie sie über dir unerforscht gleiten.
Mit deinen Armen versuchst du sogleich
Ihre sich wandelnden Körper zu halten.
Mit einem Mal fallen wie Regen
Nebeltropfen vom Himmel herab.

Die fallenden Tropfen zu fangen,
Kommt dir nicht recht in den Sinn.
Du hältst wie ein Kind deine Hände hin
Und tanzt im Schleier des Regens.

Der Jahreskreis

Ich sehe in den Garten, der herbstlich kahl sich zeigt:

Kein Strauch, kein Baum, der sommerreife Früchte trägt.

Ein jedes Beet wird wie ein Teppich eingesät

Und mit den Samen schließt sich nun der Jahreskreis,

Der immer wieder neu sich in sich gründet.

O Herz, das du das kalte kahle Sein erblickst

Und doch mit Hoffnungen dein Innerstes verquickst,

Dass neu erstandne Blütenpracht in diesen mündet.

Windspiel

Der Föhnwind bläst durch Flur und Tal,

Die letzten Blätter kreisen

Den Vögeln gleich im bunten Tanz

Bis sie zum Boden sinken.

Vom Wind überall hin geweht

Kannst du sie tanzen sehen.

In deinen Haaren bleiben Blätter hängen,

Die herbstlich bunt dich zieren.

Petersburger Schlittenfahrt

Glöckchenklang, Peitschenknall
Aus der Ferne hallen.
Hufe trampeln, Schnee staubt auf
Kinder lachend winken.
Und vorbei braust in Galopp
Pjotro`s neuer Schlitten..

Mähnen fliegen, Dunst entweicht
Den weichen Nüstern
Peitsche schwingend schreit der Kutscher
Treibt voran die lust´ge Fahrt.
Lauft, ihr Pferdchen, lauft geschwind,
Zieht hinauf den Schlitten.

Trab trab trab und klingeling
Hell die Glöckchen klingen
Weit entfernt sieht man die Spuren,
Die die Kufen ziehen,
Und die Flocken fallen sanft
Auf die tiefverschneiten Fluren.

Menschen am Weihnachtsmarkt

Wenn es dunkel wird und die Lichter erstrahlen

Haben Menschen sich zu den Ständen zusammengestellt.

Mit ihren Händen umfassen sie Tassen, aus denen

Der Duft von Glühwein entweht.

Im Dunkel kann man ihre Gesichter nicht sehen,

Doch man hört ihr Lachen und Sprechen.

Sie drängen und stoßen und wollen die Dinge sehen,

Die wohlaufbereitet vor den geschmückten Buden stehen.

Ihre Gesichter werden vom flackernden Licht entstellt,

Und ihre Gesten scheinen ins Leere zu greifen.

Du schaust, kannst nur eine wankende Menge sehen,

Die durcheinander gereiht wechselnden Zielen zueilt.

Sie rufen und deuten und meinen irgendwen.

Auf einmal erfasst dich der Wunsch von hier weg zu gehen

Um Trubel, Gelächter und Lärm hinter dir zu lassen.

Ein neues Jahr

Ein neues Jahr steht vor der Tür

Was bringt es mir?

Neues Glück? Neues Leid?

Was steht für mich bereit

Ein Neubeginn für dieses Jahr?

Was erwart ich mir?

Wärme, Freude, Fröhlichkeit?

Das kommt nur von mir!

Ein neues Jahr von Gott geschenkt,

Das den Weg zum Frieden lenkt,

Ein Jahr gelebt in Harmonie

Das ist mein Herzensziel.

Der Schneemann

Endlich nach trüben schneefallreichen Tagen,

An denen Wind und wildes Schneegestöber

Mich in das wohlig warme Haus vertrieben haben,

Erscheint als leuchtend helles Band am Horizont

Helios, der meine Geduld lichtvoll belohnt.

Der Blick schweift über schneebedeckte Berge,

Gleich einer weißen Daune liegt vor meinen Füßen

Der unberührte Schnee wie eine Haube.

Mit meinen Händen greif ich in den Schnee hinein,

Und forme Kugeln, die eine groß, die andren kleiner.

Gleichmäßig runde ich den Schnee zu einem Bauch,

Ihm setz ich als Oberkörper den kleineren drauf

Und füg zum Schluss als Kopf den kleinsten noch hinzu.

Mit Augen, Nase, Hut und Besenstock verziert

Steht er in einen Schal gehüllt vor meiner Tür.

Valentinstag

Es ist ein alter Brauch in unsren Landen

Sankt Valentin für seinen Schutz zu danken.

Den Liebenden gab der heilge Mann beizeiten

Nebst Segen Blumen, um sie zu geleiten.

Mement(o) amoris wollen Blumen sagen,

Die Liebende zu ihren Herzensmenschen tragen´

Sollt auch so manchesmal die Liebe schwinden,

Das Band der Blumen wird sie wieder binden.

Wer drum von Gott mit einem liebend Herz beschenkt,

Und Gleichgültigkeit nicht sein eigen nennt,

Der schenke denen Blumen, die er herzlich liebt,

Weil Valentin der Liebe seinen Segen gibt.

Sturmtief

Es pfeift und heult und ächzet im Gebälk,
Weil Aeolus seine Stürme nicht mehr in Fesseln hält.
Vom Norden und Süden und anderwärts
Treibt er Winde und Blätter himmelwärts.
Selbst Vögel sonst so im Fluge gewandt
Leisten den Stürmen kaum Widerstand.
Die alten Bäume, sie wanken im Sturm,
Die Zweige der Sträucher legen sich um.
Der Wettergott schließlich Erbarmen hat
Lässt Aeolus Winde in den Kerker heimfahren.
Eingekehrt ist die Ruhe im Land.
Und was nicht fest war gezurrt und gebunden,
Wird in Nachbar´s Garten wiedergefunden.

Schneeglöckchen

Es heult der Wind in allen Zweigen,

Schneeflocken wirbeln wie im Reigen

Um deinen Kopf ganz wild herum.

Und auf den eisig kalten Fluren,

Vollführen Blätter einen Tanz,

Die wie von Geisterhand gehoben

Auf alle Seiten kreisend toben.

Da ragt, man kann es gar nicht glauben,

Ein grüner Stängel aus dem Laub,

Mit einer weißen Knospe drauf.

Auch wenn es eisig stürmt und schneit

Und es nicht grünt in dieser Zeit,

So kündet uns dies Blümchen doch

Das End vom winterlichen Joch.

Heiteres

Kommt ein Vogel geflogen

Im leeren Sommerfliederstrauch sitzen ganz keck
Frau Meise, Herr Amsel und ein Rotkehlchen im Eck.
Vom Vogelhaus schaut ein Sperling frech herunter.
Er plustert sich auf und dreht sich ganz munter.
Rechts fliegt im Bogen das Rotkehlchen heran
Und hängt kopfüber an der Kokosnuss dran.
Gleichmütig schaut Herr Amsel dem Treiben zu,
Springt rauf auf den Baum und will seine Ruh.

Frau Meise, die Weise, sitzt mitten im Haus,

Pickt Körner und schaut achtsam in die Gegend hinaus.

Unerwartet schleicht, oh Schreck, eine Katze um die Eck.

Herr Amsel zwitschert laut „Gefahr"!

Und schon sind alle weg.

Maulwurf Paul

Mein Garten einst schön an zu sehen

Ist heute kaum mehr zu begehen.

Ein Maulwurf, ich geb ihm den Namen Paul

Gräbt hingebungsvoll in seinem Bau.

Mit jedem Tag, ich kann´s kaum glauben

Erhöhen sich die Hügelhauben.

Sieh da, der Pauli drängelt sich ganz keck

Nun auch schon ins Rosenbeet.

Den Paul, den würd ich gern erwürgen,

Ihm seine Lebenszeit verkürzen.

Allein er bringt mir frische Erde.

Mit Topf und Schaufel in der Hand

Hab ich der Hügel Sinn erkannt.

Eine Amaryllis in seine Erde gepflanzt
Erblüht bei mir in vollem Glanz.
Nicht länger tracht ich dir nach dem Leben
Hab deine Verfolgung aufgegeben.
Du niedlicher kleiner Gartenumgräber
Sollst unbehelligt bei mir weiter leben.

Wider den ewigen Besserwisser

Manchesmal könnt es mich dünken
(Denn mir ist es nach dem Sinn)
Würd ich gern dem Besserwisser
Eine auf die Rübe drücken.

Unbeirrt ist er drauf bedacht,
dass ein andrer Fehler macht.
Mit erhobnen Zeigefinger
Lobt und mahnt er immer wieder.

Ach, was gibt er sich die Blöße

Um zu zeigen seine Größe

Dies mag ich so gar nicht leiden,

Werd dessen Prahlerei nun meiden.

Wenn einer stets durch Wertvergleiche

Sein Tun versucht heraus zu streichen,

Dann sag ich im geheimen Groll,

Dass er sich schleunigst trollen soll.

Das Geheimnis der Karten

Der Mensch in seinen Seelennöten

Greift manchesmal zu Schmerzenstöter

Und wendet sich um dies zu ändern

An Frauen, die in Karten blättern.

Die Wahrsagerei ist mit Verlaub

ein Zeitvertreib, man weiß genau.

Mit Lenormand und auch Tarot

Erhofft man sich das Seelenwohl.

Der Fuchs, der Bär und auch der Weg
Darüber noch der Turm gelegt
Ergeben richtig kombiniert
Den Hinweis für dich optimiert.

Am Rand liegen dann die Schicksalskarten,
Du musst den Sinn nur dann erraten.
Erfährst von Liebe und Verrat,
Bekommst so manchen guten Rat.

Am End bedankst du dich beglückt,
Kehrst freudvoll in dein ICH zurück.
Doch klar ahnt man im Zeitenlauf
Der Zukunftsblick zerstiebt in Rauch.

Vivat Bacchus -ein Trinklied

Vivat Bacchus, Gott des Weines,
Laß die Gläser kreisen!
Tanz vergnügt im Kreis mit mir,
Vergiß all deine Sorgen hier!

Gleich Isolde schlürf den Trank,

Reich ihn deinem Tristan,

Dass in ewiglicher Liebe,

Herzen bleiben verbunden.

"Vivat Bacchus, Bacchus lebe"!

Rufen alle froh im Chor.

Kränze Weinlaub um die Stirne,

Stampf im Tanz den Boden auf.

Und im ausgelassnen Reigen

Lächle deinen Liebsten an.

Füll die Gläser, füll die Becher!

Bacchus treibt die Liebe an.

Frühlingsgezwitscher

Von allen Dächern schallt es wieder,

Auf Bäumen und im dürren Flieder

Hört man den heiteren Vogelgesang.

Die Spatzen, diese frechen Gesellen,

Wollen sich zum Futterhaus stellen,

Springen im Zweiggewirr rauf und runter,

Plustern sich auf und zwitschern ganz munter.

Im Sturzflug segeln die Meisen heran,

Wetzen die Schnäbel am Vogelhausrand,

Sie fliegen bald kreuz, dann wieder quer

Ihr Meisengezeter geht hin und her.

Und mit dem Frühling kehrt nun wieder

Die Vogelschar in luft´ger Bahn,

Sie bauen in den Schutz von Dächern

Ihr Nest, wie sie es immer hab´n getan.

Limericks

Hochmut kommt vor dem Fall

Es fuhren zwei Freunde aus Wien,

Zum Urlaub nach Ibiza hin.

Die Dummheit im Geist,

Betrunken und dreist.

Jetzt sind sie als Narren verschrien.

Es war wohl nichts

Der Donald, ein Kerl aus Manhatten,

Begann mit der Daisy chatten.

Sein Weib kam hinzu

Und zog ihren Schuh,

Jetzt muss er die Wogen erst glätten.

Wie das Leben so spielt

Marina, ein Mädel aus Winden

Begann einen Festkranz zu binden

Der Oberon kam,

Nahm sie in den Arm.

Jetzt sind sie beim Lieben zu finden.

Waldarbeit

Ich traf meinen Wolfgang in Binden

Der saß stundenlang unter Linden.

Ein Holzfäller kam

Und schlug nicht Alarm.

Jetzt kann ich den Freund nicht mehr finden.

Nachlese

Der Weg durch die zerstörte Stadt

Kinder spielen wie überall auf der Welt

Mit Dosen, Stöcken, Bällen.

Sie sehen dich an

Bleiben stehen

Du siehst in ihren Augen kein Lachen.

Du gehst durch die zerbombten Straßen

Frauen und Männer begegnen dir.

Sie sehen dich an

Bleiben nicht stehen

Du findest in ihren Blicken kein Lachen.

Du kommst auf den weiten Marktplatz

Dort handeln Familien mit anderen.

Sie sehen dich an

Sie bleiben stehen

Sie rufen dich mit ihrem herzlichen Lachen.

Ertragt euch und vergebt

Als Gott den Menschen schuf, wollt er die Welt beleben,

Die rein und jung und voll von Tieren war.

Doch diese, die ER nach seinem Ebenbilde

In diese Welt gestellt, sie neiden, morden und bekriegen

Selbst solche, deren Armut keine Grenzen kennt.

In Minen beuten sie die Kinder aus,

Verschlossen ist ihr Herz für ihre Qualen.

Religionen, die den Menschen beistehen sollen,

Lindern das Leid nicht, nein sie hetzen auf

Zu Hass und Krieg und widerlichen Folterungen,

Zum Untergang der Völker und zum Missbrauch.

Oh Mensch, bedenke, wer du bist, steh auf zum Heil

Und reich den anderen hin die Hände,

Ruf aus als Zeichen eueres Sinns und eurer Not:

Ertragt euch und vergebt in Gottes Namen!

Maskenfest

Es trägt so mancher Mensch in seinem Tun
Ein Maskenbild mit sich herum.
Er wechselt dies je nach Belieben,
Sein wahres ICH lässt er im Blendwerk liegen.

Die Maskerade unsres Daseins,
Ein Mummenschanz zu jeder Zeit,
Sie wird gespielt in allen Lebenslagen,
So ist manch Unbill leichter zu ertragen.

Wenn Menschen reifen und begreifen,
Dass sie als Maskenträger sind erkannt,
Und lassen ihre Masken fallen-
Wer wird sie dann noch rühmen?

Was sind denn Träume anderes

Was sind denn Träume anderes
Als Spiegel deiner Wünsche,
Die wie ein laues leichtes Wehen
In deinem Sinn vor dir entstehen.

Du sehnst herbei den Glanz des Seins,
Der in dein Leben schimmert,
Der wie ein Blütenkranz umwunden
Dir die ersehnten Ziele weist.

Wie frische Blüten sammle sie
Und binde sie fest in dein Herz,
Sodass sie dann als Traumgebinde
Aufsteigen in deine Wirklichkeit.

Das Regentropfen-Prelude

Kaum vernehmlich fallen Tropfen
Einem feinen Schleier gleich
Auf die Fensterscheibe klopfend
Wie bei einem Bubenstreich.

Schwer mit Regenlast beladen
Ziehen vor dir Wolken auf,
Die vom Himmel sich entladen
Und die Sicht undurchdringlich macht.

Schnee vermischt sich ins Geschehen,
Blitze zucken überall
Und mit dem Gewittergrollen
Blasen Winde kreuz und quer.

Und mit einem Mal wird´s stille
Tropfen rinnen sanft beruhigt
Wie so kleine Wettertränen
Von Dach und Fensterbank herunter.

Sanft erklingt in deinen Ohren

Schwerelos Chopin´s Musik,

Wie in Des Dur Töne perlen

Und das „as" tropfend erklingt.

Erinnerung an meine Mutter

Hier hab ich so manches liebe Mal

Mit meiner Mutter gesessen,

Und hab mit ihr in die Beete geschaut,

Die bunt und gepflegt sich erstreckten.

Doch dann kam der Tag, an dem alles sich wandt,

Als die tückische Krankheit zu ihr kam.

Sie gab sich nicht auf und hoffte auf Heil,

Doch der Tod, er kam immer näher.

Und wie sie erkannte das ewige Tor,

Nahm Abschied sie auch von all jenen,

Die im Leben nicht gut zu ihr waren.

Doch sie hat ihnen am Ende vergeben.

Ich bettete sie mit Rosen im Arm

Hinein in den hölzernen Sarg.

Und Glocken erklangen zum letzten Geleit

Um ihrem vollendeten Leben

Ein ehrenvolles Lebewohl zu geben.

Und nun steh ich so manches liebe Mal

In Gedanken versunken da

Und pflege wie sie einst im Garten

Jetzt hier ihr kühles Grab.

Elegie auf ferne Freunde

Wo seid ihr hin, ihr lang so vertrauten Freunde,

Die ich in Bildern nur mehr erkenn?

Habt ihr vergessen, dass einst uns verband

Gemeinsame Lebensfreud?

Einsam und dunkel scheinen mir jetzt die Tage zu sein,

Die ich so gerne hätte mit euch trunken von Wonne geteilt.

Wie hab ich oft in langen durchwachten Nächten

Euer gedacht und auch unserer Fröhlichkeit,

Als du, liebste Freundin,

Offen mit mir über Lieben sprachest,

Die brennend und glühend dein Herz entfachten,

Und du, lieber Freund, Späße über Unwichtiges machtest.

Könnte doch, ach, das alles nach Jahren

Zurück zu uns kehren!

Viel wünsche ich und vieles noch mehr,

Dass wir im Kreise verbunden

Die schimmernden Gläser erheben

Und im Leben wieder vereint

Gemeinsam ins hohe Alter gehen,

Das uns das Schicksal und Gott gnädig gewährt.

Entfernt, doch so vertraut

Kennst du das auch? Das Warten auf Vertrautes,

Das inmitten deiner Üblichkeiten

Freudiges Erwarten in die Monotonie des Alltags bettet.

Voll Spannung machst du deine Briefe auf

Als einer, der sehnsuchtsvoll auf Nachricht hofft

Im Überschwall der frohen Stimmung.

Mit Achtsamkeit liest du jedwede Zeile

Das Abbild deines Blicks scheint dir im Fenster auf.

Du lächelst immerfort: kennst du das auch?

(in Anlehnung an Hermann Hesse)

Ode an Beethoven

Oh, welch Freude empfang ich im Herzen,
Wenn ermattet von des Tages Mühen
Der rauschende Hall der Symphonie erklingt
Und in das Labyrinth meiner Brust eindringt.

Deine Musik wie vom Himmel gesandt
Berauscht alle Sinne mir, wenn sie dann
Den Lärm des Lebens übertönt
Und den Vögeln gleich über mich fliegt.

Die Schicksalssymphonie erbebt vom Auftakt an
Die Mauern des aufwühlenden Mitgefühls,
Öffnet mit ihrem himmlischen Wohlklang
Die Tore zur seligmachenden Ewigkeit.

Die Mondscheinsonate

Abends, wenn Beethoven`s Musik mich wiegt

Und die Welt im fahlen Licht des Mondes liegt,

Breitet sich friedvolle Ruhe überall aus.

Dann gebe ich mich ganz den Klängen hin.

Dem Murmeln eines kleinen Baches gleich

Fließen die Töne sanft in mich hinein.

Ich liege still im Gras und atme bloß

Und lass dabei all meine Gedanken los.

Der Mond zieht schweigend seine Bahn.

Ich strecke traumvoll meine Glieder aus

Sehe ihn, den wundervoll Begabten,

Die monden Welt auf dem Klavier begleiten.

Sternenglänzend breitet die Nacht sich aus.

Ruhevoll sanft schwingen die Melodien

Und wie in einem seligen Reigen

Scheint sich der Kosmos vor ihm zu verneigen.

.

Menschen in der Großstadt

Wie immer vor den festlich hohen Tagen,
An denen Gäste zu beglücken sind,
Da ist`s den Menschen als ob nur im Hasten
Der Weg zu den Geschenken offen steht.

Ein armer Mann liegt schlafend dort am Boden,
Den groben Klang der Schritte hört er nicht.
Von seinen Armen liebevoll behütet
Liegt eingerollt sein kleiner Hund.

Doch gleichgültig weichen die Eilenden aus,
Erbarmen scheint ihnen kein Wert.
Gelegentlich bleibt einer kopfschüttelnd stehn,
Um innerlich hilflos davon zu gehen.

Ich lebe mein Leben

Wenn ich zurück in meinem Leben schau,

In dem so viel Verflochtenes mein Sein

Ganz unbewusst und nicht erkannt

Schicksalshaft mit den Ereignissen verband,

Dann streift mich wie ein sanftes Wehn

Als ob im Vorübergehen die Erinnerung.

Einem Mäander gleich fließt rings herum

Der Lauf der mir geschenkten Lebenszeit.

Als Steuermann steh ich am Ruder

Meines Weges, der einmal steil bergauf,

Dann wieder unerwartet abwärts führt.

Doch nie gab ich die Hoffnung auf,

Dass Tyche, diese launenhafte Frau,

Alles wieder zum Guten wendet.

Denn ob das Schicksal sich wandelt in Glück,

Prüft nur der unverhoffte Augenblick.

Sternenblick

Wenn die Sterne erglühen in dunkler Nacht,
Und tiefe Stille die Menschen umringt,
Wird tief in mir eine Sehnsucht entfacht,
Die meinem Herzen schmerzvoll entspringt.

Ich möchte so gerne hinter ihr Leuchten schauen,
Möchte staunend meine Träume erkennen,
Die Vertrauen in mir wie Bäume aufbauen
Und mir liebevoll deinen Namen nennen.

Im Schweigen der Nacht keimt mein Innerstes auf,
Das einem Blumenstrauß gleich erblüht,
Ich reige mich ein in den Sternenlauf,
In die ewiglich himmlische Harmonie.

Süße Träumerei

Gedicht nach Tschaikowskys Klaviermusik

Schließ meine Augen zu,

Träum von dir zur Abendruh,

Küss dich zur guten Nacht,

Gib auf unser beiden Herzen acht!

Steigt doch vom Himmel her,

Ein leuchtend Engelheer,

Hüllt uns mit Flügeln ein,

Schwebt rauf zum Sternenschein.

Zart klingt die Melodei

In unsre Herzen rein,

Hören hell den Sphärenklang,

Kein Schmerz drängt an uns heran.

Fällt nun der Sternenschein

Nachts in mein Bett herein,

Träum ich und schlafe nicht,

Denk nur an dich!

Zeitfracht Medien GmbH
Ferdinand-Jühlke-Straße 7
99095 Erfurt, Deutschland
produktsicherheit@kolibri360.de